Tadpole Books are published by Jump!, 5357 Penn Avenue South, Minneapolis, MN 55419, www.jumplibrary.com

Editor: Jenna Trnka **Designer:** Anna Peterson **Translator:** Annette Granat

Photo Credits: drbimages/iStock, cover; ostill/Shutterstock, 1; Tomwang112/iStock, 2–3, 16tr; Inti St Clair/Getty, 4–5, 16br, 16bm; Vinicius Tupinamba/Shutterstock, 6–7 (boy); iofoto/Shutterstock, 6–7 (paper); CasarsaGuru/iStock, 8–9, 16bl; 3445128471/Shutterstock, 10–11, 16tm; wavebreakmedia/Shutterstock, 12–13, 16tl; kali9/iStock, 14–15.

Library of Congress Cataloging-in-Publication Data is available at www.loc.gov or upon request from the publisher.
978-1-64128-070-9 (hardcover)
978-1-64128-071-6 (ebook)

LAS EMOCIONES

LA FELICIDAD

por Genevieve Nilsen

TABLA DE CONTENIDO

tadpole
books

LA FELICIDAD

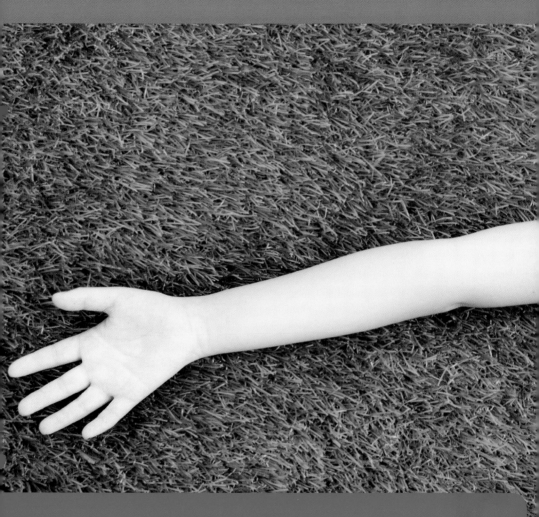

Feliz es un sentimiento.

Ella se siente feliz.

sonrisa

Él sonríe.

4

Se ríe.

Él saca una buena calificación.

Él se siente feliz.

cuadro

Ella pinta un cuadro.

Ella se siente feliz.

Él comparte.

Se siente feliz.

Ellos son amigos.

Se sienten felices.

¿Eres feliz?

REPASO DE PALABRAS

amigos

comparte

feliz

pinta

se ríe

sonríe

ÍNDICE

¿Cómo lo muestras?